AVIS

EN-REMONTRANCE LÉGALE

D'UN LYONNAIS LIBRE,

ADRESSÉ

A MM. LES MEMBRES DE LA COMMISSION D'ACCUSATION,
JUGES DES INFORTUNÉS MINISTRES DU ROI CHARLES X;

A la Chambre des Pairs et des Députés,

ET A TOUTE LA FRANCE.

———

Un noble avis de générosité en faveur des
glorieux conseillers de la victoire d'Alger, de
quelque part qu'il vienne, mérite d'être ac-
cueilli : une lâche vengeance n'est pas fran-
çaise, et le sang produit du sang ; lors la patrie,
son commerce, ses arts, ses relations, tout
en souffre.

A Lyon,

CHEZ LES MARCHANDS DE NOUVEAUTÉS.

———

1830.

FRANÇAIS!

S'il est une cause de la plus haute importance,
digne de l'humanité et de toute l'attention du monde
en armes; si de grandes infortunes et de grands droits
s'y rattachent incontestablement : devant cette cause
sacrée, la prévention, l'opinion doivent se taire; et, à
plus forte raison, la calomnie, les lâches et sourdes
machinations stipendiées de la malveillance, si dignes
compagnes du captieux et perfide Protée, que ré-
prouvèrent toujours la dignité, la sûreté d'une nation
puissante, et surtout la générosité, l'orgueil et la
gloire du peuple français.

La tâche que j'entreprends est grande et périlleuse,
mais elle n'est pas sans gloire. D'autres mains plus
exercées et plus fortes d'expérience; je le sais, d'autres voix plus éloquentes porteront plus dignement le
flambeau de la conviction la plus impartiale dans les
cœurs de bonne-foi. Sans doute un Lyonnais qui n'a
reçu ni faveurs, ni bien, ni mal des illustres prévenus,

absens ou présens, et qui les croit victimes de l'erreur des préventions, dès leur appel au ministère (ce
que prouvent tous les journaux de l'opposition du
temps), ose prendre hardiment la plume par pur
amour pour la cause de l'infortune, de la fidélité, de
la justice et de l'humanité; et s'il peut, en ami sincère
de la vérité et d'un pur désintéressement, concourir à
sauver ces quatre grandes victimes et les autres, il
aura satisfait au besoin de son cœur français, que
dis-je, aux vœux de tous vrais Lyonnais, et de près de
trente millions de Français, et même à l'attente im-
patiente de tous les vrais alliés et amis de la Patrie.

Quelle cause plus délicate tient de si près aux
graves intérêts de la plus saine politique, qui sait
prudemment ce qu'elle doit penser et attendre d'une
force aveugle et brutale, qui vous élève un jour et
puis vous traîne au trépas? telle a été si souvent la for-
tune à ses plus chers favoris. Or, si vous ne pouvez
être sagement convaincus de l'infaillibilité de cette
force qui vous a faits ce que vous êtes, juges de la
terre, et vous chefs de l'état, écoutez! Votre grandeur,
votre omnipotence ne sont que de vains noms sans la
faculté et la volonté de faire tout le bien possible; et
d'éviter de grands malheurs.... Remontez donc plus
haut, interrogez cette conscience à jeun, craignez des
remords tardifs; dans le doute, abstenez-vous de juger; et en supposant votre compétence légale en l'ab-
sence de tant de pairs.... mieux vaudrait que des coupables échappassent, s'il en existe, plutôt qu'un innocent
pérît. Songez à ce que vous allez faire; votre con-
sidération, vos biens, vos vies, le grand intérêt de vos
familles, celui de toute la France, le cri de l'huma-

nité, le jugement impartial de la postérité ; que dis-je, le juge suprême des juges, des peuples et des rois vous écoute ; craignez que le jugement que votre bouche pourrait prononcer par faiblesse contre votre conscience, ne devienne le vôtre. Contemplez l'abîme affreux des révolutions entr'ouvert de nouveau ; pensez à ce que sont devenus les Cromwel, les Marat, les Danton, les Collot, les Robespierre. Tremblons d'être injustes. Ayez donc de l'équité avant que d'*être libéraux* ; mais soyez humains avant que d'être justes, a dit un sage de la Chine. Respect à la fidélité, grâces aux vaincus, égard au malheur et à l'âge, droits et devoir, haine à la calomnie, c'est le cri de la France. Ah ! pensez-y bien, un mot peut tout perdre, un mot peut tout sauver : choisissez. Imitez, vous le pouvez encore, imitez les sages décisions du fameux Aréopage d'Athènes ; méprisez les menaces anti-françaises de séditieux alarmans : les cris d'une populace effrénée furent-ils jamais les cris d'honneur de la nation généreuse, amie de l'ordre légal ? Des poignées de forcenés d'une ville font-elles la grande masse imposante du peuple français des provinces ? est-ce à une infernale et sanguinaire faction à influencer des juges en dernier ressort ? où en seraient les garanties de la France ? Faudrait-il voir un jour chanter Cléanthe (1), et le lendemain verrait le sage Socrate condamné à boire la ciguë... Quel horrible abus de la force ! quels funestes caprices populaires !

Quand les ministres d'un gouvernement, que vous accusez sans doute du crime de s'être laissé renverser, veulent le crime, il y a, certes, plus de préméditation, de prudence et d'action que dans les charges de telle accusation; et si l'on pouvait un instant supposer qu'il y a eu crime, mais un crime sans préméditation, alors la loi ne pourrait infliger qu'une peine correctionnelle, décernée au meurtre involontaire, à l'imprudence; le maximum de la peine ne peut être qu'un exil à temps. En vain invoquerait-on, préventivement ou abusivement, le code pénal et les autres lois, toute rétroactivité à part. Mais l'on répond hardiment que les codes, les lois et autres ordonnances sont en harmonie avec la charte de Louis XVIII, charte inviolable et sacrée, à laquelle on ne pouvait toucher sans l'agrément de nombreux, de nouveaux et extraordinaires mandataires du peuple français, agissant de concert avec le gouvernement du roi. Le roi lui-même, dont la personne est sacrée, a porté doublement toute l'illégalité de la responsabilité ministérielle. Si donc tout droit a été violé, qu'auront à réclamer les accusateurs? quelle application pénale peut-on si inconstitutionnellement invoquer contre d'infortunés ministres? Est-ce aux regards de la France éclairée, de l'Europe indignée qu'on voudrait à tout prix trouver quelque action pour sévir contre l'innocence accusée? Voilà donc ce qu'on voudrait : et croit-on que la guerre civile ne pourrait pas résulter des condamnations illégales? Si des tables nouvelles de proscription paraissaient, les craintes fondées de la guerre étrangère en offriraient de tristes résultats.... Serait-ce donc là tous les bienfaits d'une telle régénération!...

Je soutiens encore que, pour pouvoir légalement condamner les ex-ministres, il faudrait invoquer la sanction d'une loi de responsabilité qui déterminât antérieurement des délits ministériels, ce qui n'existe encore que dans un projet que j'ai, le premier, adressé aux Chambres. Cela n'étant pas, l'ordre légal est violé. Faudrait-il donc sanctionner l'anarchie, l'insurrection et toute autre révolte?

Mais ce n'est pas tout, MM. les accusateurs voudraient-ils bien ne pas oublier d'envoyer des mandats d'amener, et de mettre aussi en jugement les assommeurs si illégaux des soldats de la garde et des Suisses; et n'a-t-on pas violé le droit des gens et de la guerre contre tant de soldats victimes glorieuses à leurs postes, en tirant traîtreusement sur eux des fenêtres, en dépavant les rues et en les accablant de quantité d'énormes pavés et de meubles, ou en les faisant mitrailler, incendier ou griller dans les corps-de-gardes et les casernes? Croyez-vous que les parens des soldats royalistes blessés et des morts ne demandent pas, avec au moins autant de droit, quelque vengeance; leur rendraient-ils aussi justice, ces héroïques hommes qui veulent à tout prix être princes du sang ministériel, et royaliste?

Convient-il donc, après des cris généreux d'oubli, de pardon, dont vous vous êtes parés, de demander si abusivement du sang et du sang dont tels misérables ont tant de soif. Ah! déhontés buveurs de sang, qui que vous soyez, prenez, prenez goût aux voyages, et j'invite ces bandes infernales qui perdent leur temps à courir pour humer du sang à Vincennes, d'aller à l'étranger, surtout en Suisse; là, héros de nouvelle date, vous serez bien accueillis par les parens de tant de victimes! C'est ainsi qu'on compromettrait, avec nos relations commerciales, l'honneur et l'orgueil national du nom français; et l'on nous ferait passer à

2..

l'étranger, si l'on persistait au sang, pour des chefs-d'œuvre de monstruosité, de perfidie et de lâcheté. Et voilà cependant ce que l'on penserait, dans le siècle de lumière, de la nation la plus galante et la plus policée !

Je sais qu'à Paris l'humanité n'a pas été partout méconnue, et les vrais braves ne sont pas oubliés dans l'honorable exception. Allons, ne rétrogradons pas vers les siècles de barbarie de ces fiers druides avec leurs vieux coqs, leurs antres et leurs augures : les sacrifices humains ont cessé; plus d'hécatombe barbare, la liberté sous l'ordre public n'en veut point, et pas même de martyrs et d'holocaustes ministériels, dans le moment où la France semble demander à l'envi l'abolition de la peine de mort pour délits politiques.....

D'ailleurs il n'appartient pas, sous tel prince qu'on voudra, d'épouser des querelles antérieures à son règne, pas plus que si l'on voulait actuellement faire le procès aux ministres de Napoléon.... Toute prévention étrangère à la dignité d'un trône, et qui déverse tous les stigmates de la honte, de la lâcheté la plus atrabilaire sur les barbares provocateurs à l'assassinat juridico-populaire et sur leurs complices et adhérens, doit être rejetée avec indignation des honnêtes gens.

Ici même, juges qui que vous soyez, l'entendez-vous bien, ce jugement va, par le fait de droit divin et humain, vous forcer contradictoirement à reconnaître l'autorité légale de Charles X, et votre néant de pouvoir en même temps; car c'est contre l'autorité du règne de Charles X que les ex-ministres auraient agi. Or, la personne du roi étant sacrée, vous

défendez alors sans le vouloir la cause de l'infortuné
monarque, puisque ce serait leur impéritie ou plutôt
leur humaine lenteur qui a fait naître votre gouvernement élevé par la force révolutionnaire qui a ren-
versé le précédent ; et cependant ce pouvoir royal
avait, d'après la charte première, le sceau de l'infaillibilité légale. Les ministres responsables ont cessé
de l'être, dès le moment que vous avez fait porter
au roi sacré tout le poids d'airain de la responsabilité
ministérielle ; vous vous êtes encore, de votre aveu
écrit, battu pour la conservation intégrale de la charte,
par vous depuis mutilée, bien que vous ayez invoqué
son beau nom avant et après votre victoire. Tout
pacte a été par vous rompu avec la charte de Charles X ;
et vous osez, par une inconcevable exception, re-
produire un de ses lambeaux contre le ministère accusé.
Vous voilà donc ainsi obligés et convaincus de dévorer
la plus grossière des contradictions, et de reconnaître,
d'une part, des ministres non responsables, puisque,
par le fait, le roi sacré en porte la peine si cruelle ;
et, d'un autre côté, si vous osez invoquer le double
emploi de responsabilité, de rétroactivité, n'absolvez-
vous pas ainsi l'infortuné roi ? Donc, sous des ministres responsables, vous devez réintégrer dans ses
droits le monarque, si vexatoirement dépouillé. Y
pensez-vous bien ? Et le peuple de Paris reste in-
culpé dès-lors d'odieuse et cruelle sédition avec toutes
ces glorieuses journées !

D'autre part, que reproche-t-on au ministère Polignac ? serait-ce d'avoir toujours été fidèle à ses rois ?
serait-ce d'avoir, par d'immortels conseils, hâté la
conquête si désirée du royaume d'Alger ; d'avoir, en

quelques mois, détruit la piraterie sous Bourmont
l'Africain, et dégagé l'Europe d'un odieux tribut ;
d'avoir acquis à la France une flotte ; deux mille
canons de bronze, cent millions, un immense ter-
ritoire, un vaste débouché pour notre commerce et
l'industrie, la plus belle et la plus rapprochée de nos
colonies, un assez grand royaume, en un mot, que
l'impéritie anti-patriotique pourra seule perdre ? Et
voilà qu'au lieu d'arcs de triomphes si mérités, vous
osez, ingrats, leur préparer l'humiliation d'une pas-
sion barbare, digne des juifs qui la provoquent. Des
châteaux, des palais sont transformés en affreux ca-
chots, sous d'énormes verroux, et vous vous croyez
libéraux et reconnaissans ! Jamais des Bédouins les
plus cruels n'eussent agi ainsi : et voilà des Bélisaires
nouveaux, victimes de leurs immortelles conceptions,
qui ont si héroïquement rehaussé notre gloire et
l'éclat du trône très-chrétien. Courage, ministres
vexés, osez dire à ce peuple bizarre de Paris : Ou-
blieriez-vous, gens erronés, qu'à tel jour nous avons
conçu le dessein bienfaisant d'agrandir la patrie par la
conquête sans égale de l'invincible royaume d'Alger ?
Allons, mes amis, à Nôtre-Dame, comme Scipion l'A-
fricain au Capitole, pour en rendre grâce à l'Eternel.
  De quoi les incrimine-t-on encore ? d'avoir, disent
les secrets et hauts meneurs qui voudraient être juges
et parties, on leur reproche, qui le croirait ? d'avoir
violé la Charte de Louis XVIII. Curieux, je l'ouvre
aussitôt, et je lis, art. 14 : « Le Roi est le chef su-
» prême de l'Etat, commande les forces de terre et
» de mer, déclare la guerre, fait les traités de paix,
» d'alliance et de commerce, nomme à tous les em-

« plois d'administration publique, et *fait les régle-*
« *mens et ordonnances nécessaires pour l'exécution*
» *des lois et la sûreté de l'État.* »

Eh bien! en vertu de cet article, que vous voulez
bien interpréter autrement qu'eux, parce que sans
doute, vous vous croyez plus infaillibles mortels, MM.
les ministres ont cru devoir faire rendre ou signer ces
deux ordonnances réglementaires et de pure formalité
pour réprimer les diatribes plus ou moins scanda-
leuses de quelques journaux, et prévenir des conspi-
rations dont tant de voyageurs intéressés prouvaient
assez la longue et riche affiliation.

Eh bien! quoique leurs demi-mesures n'aient pu
prévenir le mal trop gangrené par certaines lenteurs,
du moins n'ont-ils pas usé du droit; oui, je le crois,
ces ordonnances, moins importantes en d'autres temps,
ne sont devenues fameuses que par le prétexte, dit-
on, qu'elles ont offert à une trop vaste et secrète,
mais mûrie machination maçonnique, appelée si ba-
nalement, et pour écarter tout soupçon *vente supé-*
rieure et inférieure de ce comité-directeur et même
ambulant, si connu. Les journaux en ont assez parlé,
et des ouvrages publiés partout en vantent assez
l'existence et les moyens. Des poëmes en consacrent
enfin, pour tous, les *thémistiocratiques* souvenirs.....

Où est à présent, je le demande, la culpabilité ca-
pitale des ministres, s'il est prouvé qu'ils ont inter-
prété l'article 14 dans le sens du pouvoir, et rien que
pour le pouvoir, et non pour leur intérêt privé? S'ils
ont usé du droit de l'initiative et des prérogatives sacrées
de la couronne, pourquoi encore les accuse-t-on (2)
si maladroitement d'un crime qui n'existe pas? Où est

l'abus? est-ce dans la force qu'ils ont si tardivement,
à regret, et même employée en demi-mesures? Si la
simple police n'a pas fait tout son devoir, s'il y a eu
trahison, si le commandant de la force militaire a
dépassé, ou de bonne foi mal entendu ou mal inter-
prété des ordres supérieurs, ou qu'ils aient été déna-
turés par tels et tels traîtres, et mal exécutés ensuite,
quelle impossibilité y a-t-il ici? Quel labyrinthe à
suivre, quel abîme à sonder, que de nuages à
écarter, que d'excuses il peut résulter de si graves
et minutieux examens.....

Voyons actuellement qui les accuse, et de quel
droit usent leurs accusateurs. Chose inouïe: quoi! ce
sont ceux-là mêmes qu'ils auraient *intronisé*, bien
innocemment et sans le vouloir, qui leur feraient
les premiers un crime impardonnable d'avoir surpris
au profit d'eux-mêmes, si héroïques vainqueurs, un
pouvoir usurpé? Quoi! ce seraient ceux-là mêmes
qui, armés si bravement contre le gouvernement légal
du monarque déchu, doivent encore la vie à la trop
prudente et demi-lenteur du ministère, ou bien plutôt
à son excessive humanité, et qui s'en serviraient
probablement pour montrer un acharnement de vengeance le plus terroriste qu'on puisse imaginer?
Quel prétexte ont eu les égorgeurs préparés et dirigés
sur Vincennes? Point: pas même l'ombre de raison.
Ceux qui ont été blessés parmi les insurgés ont obtenu
des pensions; les veuves et le peu d'orphelins des
sujets tués qui se sont battus contre leur roi viennent
peut-être seuls d'obtenir des pensions, pour avoir agi
de la sorte! Ces blessés même, pour la plupart,
réclament la conservation des jours des prévenus: et

ceux ou celles qui n'ont rien eu à souffrir voudraient si lâchement du sang !

Eh ! qui empêchait MM. les ministres , s'ils avaient eu le dessein réel d'être cruels , de faire cent fois plus de mal qu'on n'en a fait, puisqu'ils avaient à leur légale disposition toute l'armée de terre et de mer , les troupes suisses et le reste ?.... Encore une autre preuve, si , dis-je , il y avait eu préméditation de crime au conseil des ministres , les soldats auraient-ils été près ou plus de trois jours sans manger du pain, et sans autres approvisionnemens antérieurs convenables, si faciles à procurer aux soldats en patrouille , dans leurs postes , leurs casernes ou en campemens , plus sûrement disposés que dans des rues meurtrières ? Et dans le cas de complot objecté si maladroitement, les ministres intéressés ne pouvaient-ils pas salutairement et avec plus de raison mieux se concerter pour arriver à un but direct, en réunissant sous les murs de Paris tous les régimens de la Garde et les Suisses , dispersés si intempestivement à plus de cent lieues les uns des autres en général ? Quand on veut exécuter un projet aussi gigantesque et perfide qu'on le suppose , on prend à coup sûr de plus sages mesures, à moins que les tristes adversaires supposent que les ministres aient agi avec impéritie : dans ce cas , leur crime est encore excusable de toute préméditation.....

Ainsi donc , MM. les accusateurs et vous juges , quand on veut inventer des crimes, il faut des preuves plus convaincantes , et le ministère ne manquait pas de sagesse ni d'intelligence , mais pour le bien public seul , et non pour le mal.

Cependant il n'est pas de calomnie qu'on n'ait osé

inventer, épuiser et retourner dans tous les sens pour les inculper, parce qu'il faut du sang, des victimes et du pillage à l'anthropophagie cannibale de 1830. Ici ce sont même des incendiaires, oui, des incendiaires, stipendiés par la malveillance la plus insigne, qui osent de loin s'avouer à plaisir complices de je ne sais quelle introuvable autorité protectrice de crimes si affreux et révoltans. Aussi, M. le prince de Polignac, fort de l'impartialité de ses juges, fort surtout de son innocence et de son droit, a-t-il demandé qu'on interrogeât légalement et devant lui de si lâches et faux témoins de cette trempe (voir sa lettre à ce sujet); mais ce n'est pas assez. Voyons, sans nuire à l'enquête supposée sincère, impartiale, et prise à la bonne source; voyons, qui a commencé les émeutes à Paris ? Ce sont, disent les papiers publics et des lettres non suspectes, ce sont des ouvriers renvoyés sur les places par leurs chefs d'ateliers, de manufactures, etc..... en incriminant les ordonnances et les excitant en général à la résistance aux lois. La plupart de ces ouvriers tenaient en partie au corps de la librairie et aux arts qui en dépendent, disent les journaux du moment. Les rassemblemens s'étant ainsi formés, dès-lors l'autorité a dû, en usant de ses droits et faisant son devoir, les dissiper tous avec modération. Les patrouilles, à Paris comme ailleurs, invitent les citoyens paisibles à se disperser. Les lois et les codes répriment les attroupemens nombreux, c'est précis. Si, plusieurs jours de suite, des ateliers ont été fermés à dessein, si des rassemblemens, croissant d'une manière alarmante, ont eu lieu, et trop souvent avec des armes, malgré les injonctions et sommations réi-

térées de l'autorité légale , n'était-ce pas une preuve
assez patente qu'une conspiration était ourdie et peut-
être réellement stipendiée ? Pourquoi d'ailleurs , dans
le Parisis, des auberges, au rapport de plusieurs voyageurs , logeaient-elles , traitaient-elles gratuitement
les passagers , quelques jours avant et après ces trois
journées fatales ; et puis , ces missions antérieures de
certains mandataires dont les provinciaux un peu
clair-voyans devinaient si facilement le but , ce dont
plusieurs même ont tiré vanité et jactance ?

En fallait-il davantage pour user des mesures ri-
goureuses que le roi, dans son discours ; avait annoncé
se servir si l'on attentait à sa personne sacrée ou à
l'intégrité de son gouvernement? Eh bien! que n'a-t-on
pas fait ? cette trame est sans réplique, les faits existent,
les vainqueurs s'en glorifient. A présent, je le demande,
que diraient les royalistes nouveaux si pareille affaire
leur était arrivée , et que n'auraient-ils pas fait? qu'ils
avouent franchement la vérité. Je les vois rougir à
cette allocution foudroyante pour eux. Que feraient
les ministres du jour dans une position si critique?
que ferait Louis-Philippe avec toute sa popularité?
et n'a-t-il pas dit aux misérables vociférateurs arrivés
de Vincennes sans avoir pu consommer leur crime :
Retirez-vous, et d'un air indigné : *pas de vengeance ;
si vous ne vous dissipez pas , je marcherai contre
vous à la tête de la garde nationale*, bien que cette
pauvre garde de Paris ait manifesté qu'elle ne s'op-
poserait pas au mal qu'on pourrait faire aux quatre
victimes de la prévention. Dans le cas où l'émeute du
Palais-Royal eût refusé de se disperser, Louis-Philippe ou ses ministres auraient donc été obligés de

faire feu sur les rebelles, d'user par conséquent de
leurs armes contre ces bandes de populace. Bonaparte
ne mitrailla-t-il pas les sections de Paris? Sous l'em-
pire, caressa-t-on jamais de tels gens, si à craindre
pour tous les partis, et surtout pour l'opulence? Tout
gouvernement pourrait donc être dans le cas forcé,
imprévu du ministère de Polignac, si l'on troublait
l'ordre et la sûreté publique.

A présent, qu'on ait arrêté des coupables, des vociférateurs, séditieux armés, et rebelles aux sommations légales de l'autorité insultée et des patrouilles
prudentes de la garde royale : ce qu'ils ont fait, est-ce
ou non consacré dans le droit de la charte et du roi?
on a opposé une force insuffisante à une force popu-
laire toujours croissante; s'il y a eu des abus, si des
innocens ont été victimes au milieu de telles émeutes,
à qui la faute, sinon aux rebelles à la force légale?
jamais telles insurrections n'ont été légalisées. Mais
est-ce à nous, provinciaux, qui formons la grande
majorité de la France, et qui voyons l'or de nos con-
tribuables se centraliser dans l'orgueilleux Paris, qui
croirait tout faire sans nous; est-ce à nous, amis de
l'ordre, qu'on ferait croire que les troupes de la
garde, composées en général de vrais Français, que
nous avons vus en garnison en province, auraient ou-
blié leur devoir au point de faire feu, sans sujet, les
premiers, pour le plaisir de tuer? Allons, ce serait
insulter aux familles, et calomnier les braves que ce
gouvernement même rappelle impérieusement pour
les amalgamer dans les régimens de la ligne; cet acte
dément assez évidemment l'imputation mensongère.
Il faut donc avouer, MM. les accusateurs, que la

garde a, en général, fait son devoir, ainsi que les Suisses fidèles.

Il en serait de même de tous autres griefs que j'ignore encore et qu'on pourrait inventer, selon l'usage des partisans du carnage et de l'égorgement. Certes, MM. les dignes avocats feront leur devoir, comme il convient quand il s'agit d'arracher des victimes innocentes à la fureur des sicaires et de nombreux bourreaux. J'ai dû mettre au jour mes idées; heureux si j'ai pu concourir à démontrer la pure vérité des faits, et, réfutant toutes préventions fâcheuses, toutes imputations, prouver que tout vrai Français doit consacrer sa plume, son bras et sa vie même au besoin, pour secourir l'innocence opprimée.

Sa cause est celle de la justice, qui intéresse tous les hommes; l'intérêt public y serait compromis, il doit donc être défendu avant tout. Les baïonnettes du crime aux cent mille bras ne peuvent toujours épouvanter; souvent l'honneur a pu l'accabler sans même avoir la massue d'Hercule. Un frêle berger, le royal David, sut, avec une fronde, terrasser le géant Goliath : le trépas injuste de l'innocence ne saurait en flétrir la gloire immortelle. La charte du roi Louis-Philippe annonce qu'elle veut qu'on respecte tous les droits; comme lieutenant-général du royaume, il a bien voulu assurer que la charte serait désormais une vérité; et si l'article 62, sauf erreur, dit : « L'ancienne noblesse reprend ses *titres*, et la *nouvelle* conserve les siens, » ce sera sans doute pour réintégrer les nouveaux pairs de la création du règne de Charles X, évincés par une préméditation présumée, pour perdre les ministres accusés en écartant de leur juste cause

tant de pairs favorables, et cela par une loi sanction-
née à cet effet. Le culte tout entier des catholiques,
de la majorité des Français, sera plus inviolable aussi
dans ses monumens, que d'impies iconoclastes osent
menacer, malgré les hautes protections jurées dans la
charte.

Le département de Rhône-et-Loire, qu'on le sache,
abhorre le sang, et ferait schisme avec les anthropo-
phages; sa devise fut toujours *légitimité et résistance
à l'oppression*. C'est ainsi que l'injustice a produit
l'indépendance.

Ah! Français, soyons toujours dignes de ce beau
nom; préférons le plus sûr, le meilleur; point de
coups d'état populaires, ils ne sont point profitables;
laissons de côté tout raffinement de vandalisme barbare. O Paris! vois déjà tes murs naguères si resplen-
dissans des arts et du luxe qui t'embellissaient.... qu'es-
tu devenu? quoi, tes places, tes monumens, tes
palais transformés en cimetières; tes rives si mar-
chandes et si belles, tout y est devenu triste et désert.
Qui remplace tes fêtes, ton antique allégresse? des
camps, le cliquetis de guerre, tout l'appareil impo-
sant de la force; est-ce là ce qu'on doit attendre des
beaux arts? crains, crains d'être long-temps en horreur aux étrangers qui te fuient. N'attire point sur ton
sol les malédictions de Sodôme ou de Babylone; tes
portes d'airain ont à craindre de nouveaux Cyrus.
Craignez, Parisiens, qu'on vous reproche à bon droit
d'avoir hérité de la barbarie Musulmane ou de la
féroce et sanguinaire brutalité des Bédouins. Compte-
riez-vous sur la force qui a quitté le règne précédent?
pensez au passé, et vous saurez quel est le pouvoir

magique de cette clef d'or mystérieuse qui a séduit des milliers d'hommes et trahi des Alexandre, des César, des Napoléon. Quatre partis sont aigris et non éteints; ne croyez pas qu'il n'y ait que des vaincus et des fers pour les opprimés : la surprise n'empêche pas des représailles.

Négocians, artistes, propriétaires, rentiers, vous avez tout à perdre, ne laissez pas jouer si gros jeu; ministres, princes, et vous juges actuels, regardez des ministres captifs et illégalement accusés, vous croyez-vous heureux; ah! tremblez de votre bonheur! Ceux qui veulent du sang, qu'ils songent à 1793. Des vengeances produisent d'autres vengeances; les provocations les nourrissent, les excitent, et comme un volcan terrible, elles peuvent faire explosion, et vous atteindre mortellement. Craignez les réactions! La modération, la clémence sont les seuls remèdes; usez-en donc avec sagesse. Sauvez, sauvez absous, des mains d'une populace carnivore, quatre grands opprimés par la force; chefs de l'état, tout vous est possible si vous le voulez : vous avez des baïonnettes pour protéger l'innocence et faire trembler d'horribles machinateurs du crime; vous tous hommes du pouvoir, vous répondez, hélas! du mal que votre indifférence ou vos demi-mesures laisseraient faire ou feraient, étant assez avertis et forts de l'expérience terrible du passé et du présent.

Juges, qui allez prononcer sur le sort de quatre grandes victimes, prévenez les maux d'une St.-Barthélemy; laissons la Sibérie et les Cosaques dans leurs déserts. C'est assez du mal qui est fait, ne l'aggravons pas; considérez tout ce qui se passe autour de la pa-

trie et chez nous ; aujourd'hui la paix et demain la
guerre. Plus d'affreux arbitraires, plus de fatals tom-
bereaux, plus d'horrible rasoir national en perma-
nence, plus de fusillades, de noyades, d'assommages
et de si fatales barricades ; Lyon, la France et l'étranger n'en veulent point. Haine au crime, pardon à
l'erreur ; que Paris ne l'ignore plus, nous voulons le
règne de la justice, des lois sages, et le bonheur légi-
time de la France, les garanties pour son commerce,
ses colonies, et protection envers la fidélité et l'innocence opprimée.

Juges et magistrats, vos noms seront recueillis avec
soin ; votre conscience pure du crime et la postérité
satisfaite rehausseront la gloire d'un digne aréopage,
où nous espérons ne voir siéger que des Aristide,
des Démosthène et des Cicéron, armés seuls contre
la fatalité des préventions criminelles. Le malheur et
l'infortune seuls seront accueillis et dignement pro-
tégés. Ici, juges impartiaux, votre conscience vous
dicte votre devoir, suivez-le ; laissez la honte aux
lâches, et ne pensez qu'à acquérir la gloire immortelle décernée aux vertus civiques. L'Europe en armes
a les yeux sur vous ; sauvez, sauvez l'innocence. O
mânes glorieux des grandes âmes qui vous dévouâtes
de tout temps au salut de la patrie, ah ! si vous étiez
rappelés à la vie, ne terrasseriez-vous pas d'un seul
de vos regards les cruels ennemis de la France, qui
ne veulent que sang et barbare vengeance contre vos
nobles enfans ; ah ! inspirez ici ce haut tribunal ; ins-
pirez-lui tout le courage qu'il lui faut pour mourir
plutôt à son poste cent fois, avant que d'être injuste
ou de faiblir devant la terreur. Montrez-leur, enfin,

que quatre personnages innocens, assassinés ou exécutés, comme il plaira, vont ébranler l'Europe indignée; produire plus de vingt-huit millions de mé-
contens; notre pays sans culture, sans commerce, tous
les fléaux provoqués par le conflit des masses armées,
de concert avec les nombreux enfans des victimes,
demandant avec leurs héritiers, ou exécutant eux-
mêmes tôt ou tard la vengeance que réclamerait aussi
le sang paternel injustement répandu. Quelle tache
ineffaçable pour un tribunal qui doit être ami des
lois, de se voir vouer à l'exécration publique pour
de sanglantes injustices! Que dis-je? le tribunal ne
suivra que sa conscience éclairée, et jugera dans le
sens légal du barreau de Lyon, d'après les vœux de
tous les honnêtes gens qui ont horreur du sang.

Vous aussi, Louis-Philippe, qui avez répondu en
prince à l'émeute effrénée : *la justice, toujours; la
cruelle vengeance, jamais;* oui, en rendant quatre
pères chéris aux embrassemens de leurs familles éplo-
rées, vous aurez, en père, senti tout le charme d'un si
doux moment; vous userez de vos drois, et vous sentez
trop bien que la plus belle et la plus douce préroga-
tive royale est celle de la clémence, et non celle de la
faiblesse. Ah! la branche cadette des Bourbons ne
doit pas rester en arrière des anciens sages de la Grèce
et de Rome, des Alexandre, des César, de Napoléon
lui-même. Prince, goûtez avec joie le doux charme
de ce haut rang où vous a placé le sort. Prince, vous
pouvez obtenir une couronne plus belle et plus digne
que celle que vous portez; vous ne la devrez qu'à
votre noble impartialité, et vous aurez acquis autant
de trônes de plus dans le cœur de tous les Français.

Ah! ici vous le pouvez, vous le devez, soyez juste;
soyez plus grand que l'empereur Vespasien, entendez
avec générosité, attendrissement et munificence de
nobles Éponine, de nouveaux Sabinus à vos pieds
répéter, avec toute la France et l'étranger : plaignez
les malheureux, les innocens et sachez noblement
pardonner.

PÉRÉNON

Auteur de plusieurs ouvrages politiques, juridiques et littéraires.

NOTES.

(1) J'ai remplacé le mot *couronner* par celui de *chanter*, bien qu'on ait couronné Cléante aux Jeux olympiques ; ici ce n'est donc que pour éviter toute susceptibilité et rage verminale de l'illégalité : aussi l'épreuve de cet *avis* a été soumise, pour le droit, à plusieurs personnages distingués dans le barreau de Lyon, etc. Je préviens donc certains zélateurs de la police, chicaniers par spéculation, que je ne veux rien avoir à faire avec sa gendarmerie, et j'userai au besoin de tous les droits sacrés des auteurs, consignés dans les lois et les chartes. Nous ne voulons plus être bâillonnés ni vexés pour la défense des opprimés ; c'est assez que des théâtres, des caricatures ordurières, des libellistes scandaleux, calomniateurs gagés, des chansons provoquant au meurtre sous ces mots de *sang impur*, etc.; que des journalistes de cette dévotion insultent plus ou moins à la liberté sage qui appartient à tous. Oui, oui, qu'on le sache bien, la pensée et l'opinion peuvent être forcées à des coups d'éclat, mais ne s'enchaînent point. La loi ne peut, du reste, juger que des faits, et la défense des opprimés est toujours sacrée.

(2) D'après l'article 56 de la charte sous le règne de Charles X, les ministres ne peuvent être accusés que pour fait de *trahison* ou de *concussion :* où sont de tels griefs ? *O tempora ! ô mores !*

LYON. — IMPRIMERIE DE J.-M. BOURSY,
Rue de la Poulaillerie, n° 19.